# ORNEMENT MÉDIÉVAL

Angelika SPRANGER

Les Éditions
du Carrousel

© L'Aventurine, Paris, 1999.
© Media Serges/Les Éditions du Carrousel, Paris, 1999.
ISBN 2-7456-0233-0

# SOMMAIRE

# AVANT-PROPOS

Longtemps méprisé, l'ornement médiéval regagna ses lettres de noblesse au XIX<sup>e</sup> siècle, grâce entre autre à des artistes comme Viollet-le-Duc ou des écrivains comme Prosper Mérimée, qui contribuèrent au sauvetage d'édifices considérés jusqu'alors comme sans importance.

Ce regain d'intérêt aboutit à de nombreux ouvrages présentant l'ornement médiéval sous forme de gravures. On peut citer le *Dictionnaire résonné de l'architecture française*, par Viollet-le-Duc, le *Pugin's Gothic Ornament* ou le *Medieval Decorative Ornament* de James Kellaway Colling. Tous déclinent le répertoire ornemental que nous vous présentons ici – feuillages, animaux, décors géométriques – dans des domaines d'application aussi divers que l'architecture, la sculpture, la reliure, les textiles, les ivoires…

# MOBILIER

Bahuts sculptés, France, XVᵉ siècle.

École française. Panneau en bois sculpté, xv<sup>e</sup> siècle.

Siège semi-circulaire, Allemagne, XVᵉ siècle.

Dressoir en bois sculpté, Champagne, XV<sup>e</sup> siècle.

Crédence en bois sculpté, France, xv$^e$ siècle.

Coffre en bois gravé, Italie, xɪvᵉ siècle.

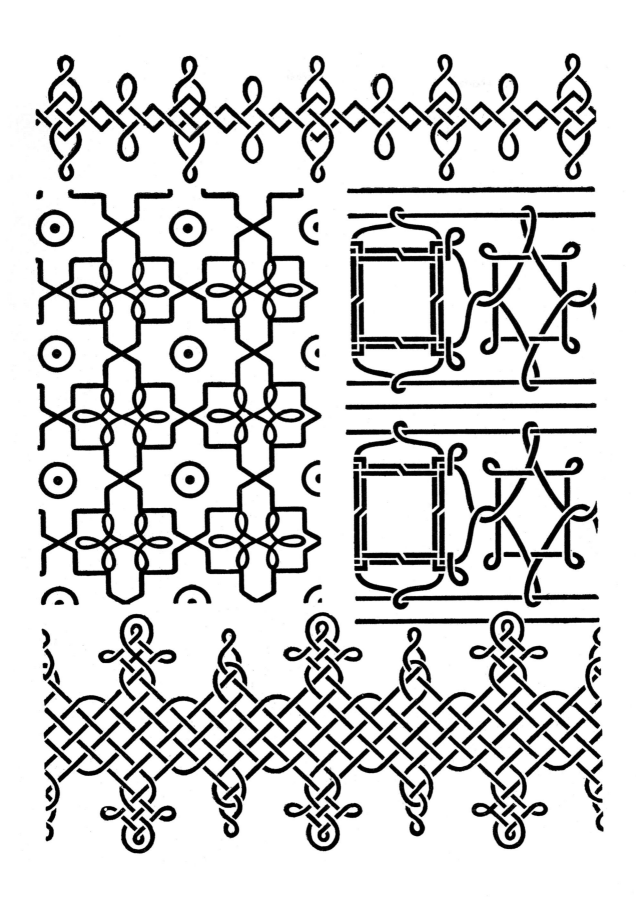

Marqueterie italienne, XVᵉ siècle.

# OBJETS

Crosses d'évêque, orfèvrerie française, XII<sup>e</sup> siècle.

Crosse d'évêque en cuivre ciselé, France, XIIIᵉ siècle.

Crosse en cuivre émaillé, Limoges, XIIIᵉ siècle.

Reliquaire de l'empereur Henri, Allemagne, xiie siècle.

Encensoirs en cuivre fondu et gravé, France, XIIᵉ siècle.
Ci-contre : Encensoir d'après une gravure de Martin Schoengauer, Allemagne, XVᵉ siècle.

Encensoir en cuivre et bronze, orfèvrerie française, XIIᵉ siècle.

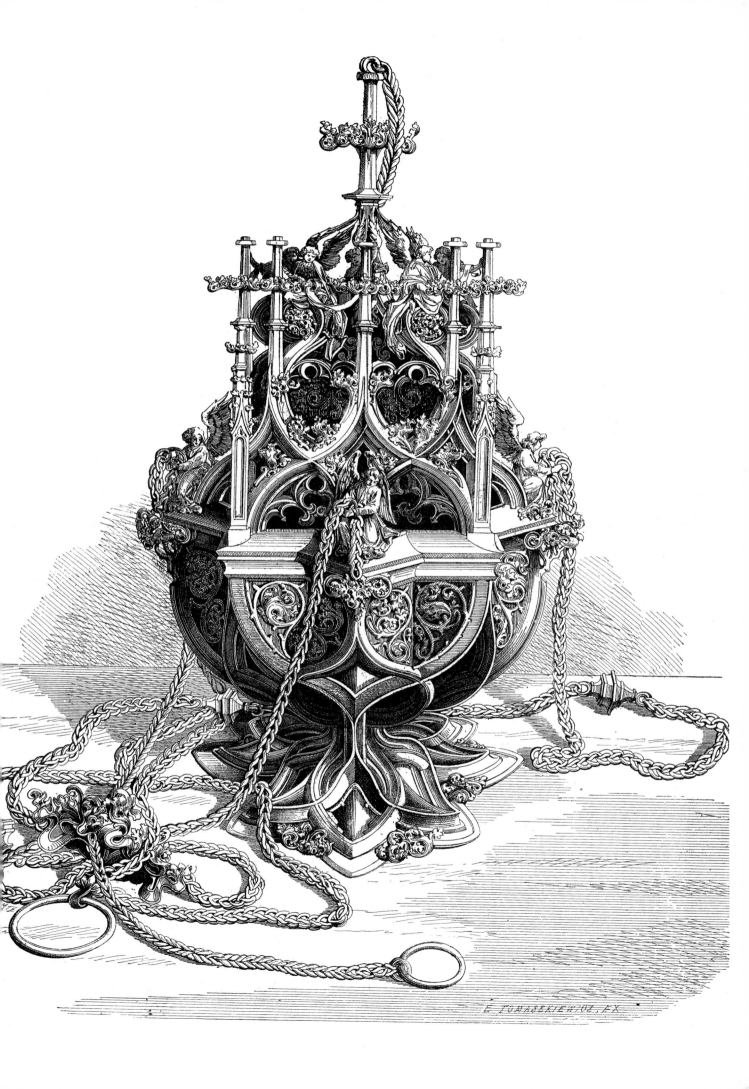

E. TOMASZKIEWICZ EX.

Encensoir en cuivre et bronze, orfèvrerie française, XII<sup>e</sup> siècle.

En haut : Chandelier en bronze, France, XIIe siècle.
En bas : Flambeau en bronze, Allemagne, XIIe siècle.

23

Flambeau en bronze, Allemagne, XIIᵉ siècle.

Candélabres de l'église de Saint-Pierre de Tarrosa, Espagne, XIVᵉ siècle.

Chandeliers en bronze, Allemagne, XIIᵉ siècle.

Chandelier en bronze, Allemagne, XIIᵉ siècle.

Pied d'un chandelier en bronze, France, xııᵉ siècle.

Vase, France, XII<sup>e</sup> siècle.

Lanterne en bronze repoussé, France, XII<sup>e</sup> siècle.

Burette en cuivre émaillé, orfèvrerie française, XIII<sup>e</sup> siècle.

Coffret en bronze doré, Scandinavie, ɪxᵉ siècle.

Reliquaire en ivoire et en cuivre, Allemagne, XIIᵉ siècle.

En haut : Face d'un coffret en ivoire, France, XIVᵉ siècle.
En bas : Coffret en cuivre, art oriental, XIVᵉ siècle.

Coffret de mariage en cuivre estampé, Venise, XIV<sup>e</sup> siècle.

Décoration d'un reliquaire, France, XIVᵉ siècle.

Cadres de miroirs en ivoire, France, XIV<sup>e</sup> siècle.

Peigne de mariage en bois découpé, France, XV<sup>e</sup> siècle.

Reliure de manuscrit, orfèvrerie byzantine, XIIe siècle.

Reliure de manuscrit. Orfèvrerie, émaux, ivoires, XIIIᵉ siècle.

Reliure émaillée, France, XIIᵉ siècle.

Ornements de croix stationnaire en cuivre, Limoges, XIIᵉ siècle.

Carrelage en terre cuite émaillée, France, XIIIe siècle.

# COSTUMES

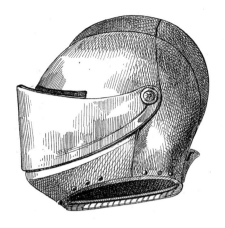
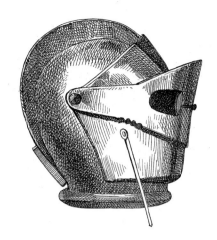
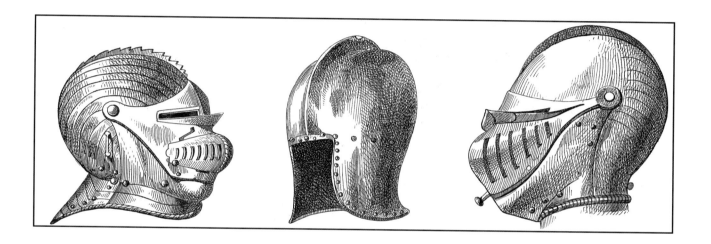
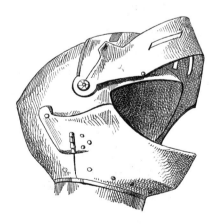
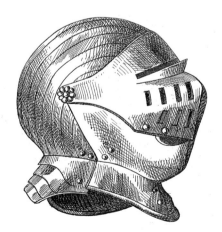

Casques d'armures, XIVᵉ et XVᵉ siècles.

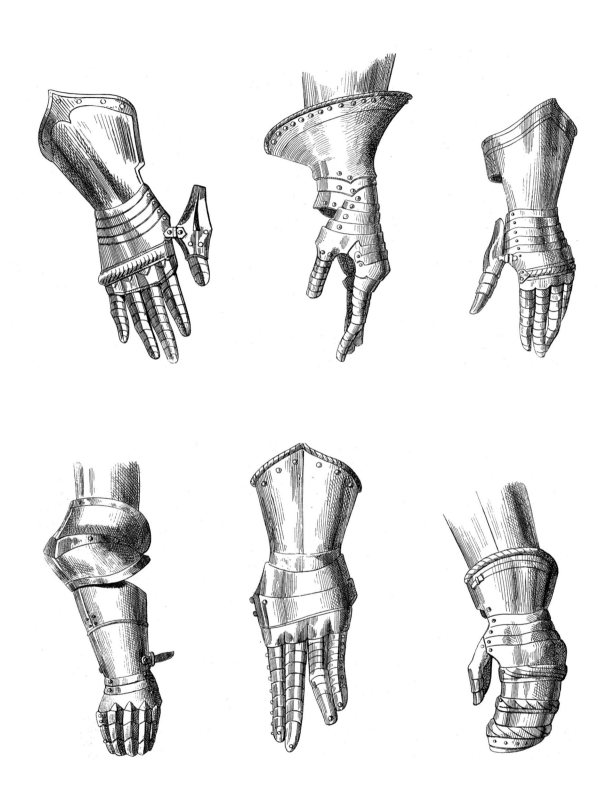

Gantelets d'armures, France, XVe siècle.

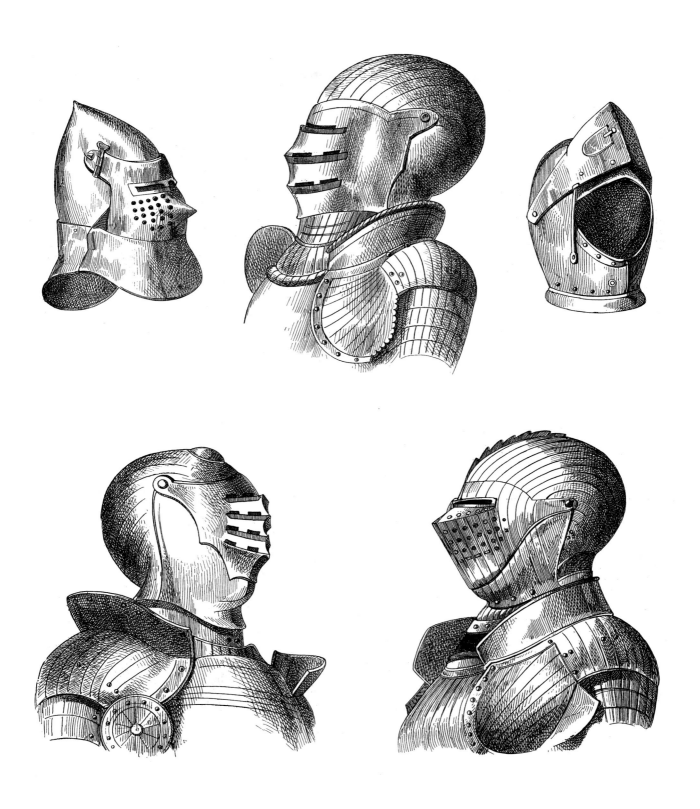

Heaumes d'armures françaises, XII<sup>e</sup> et XIV<sup>e</sup> siècles.

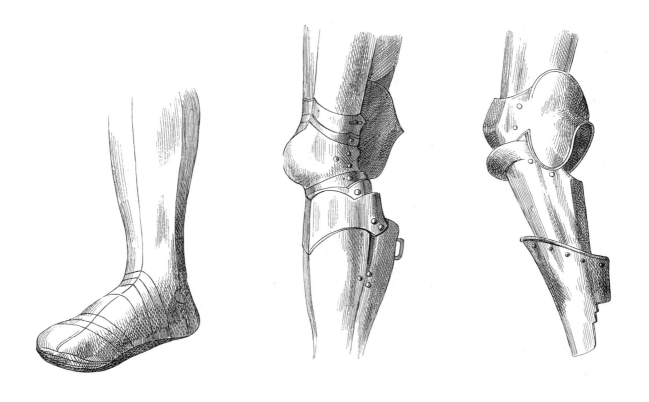

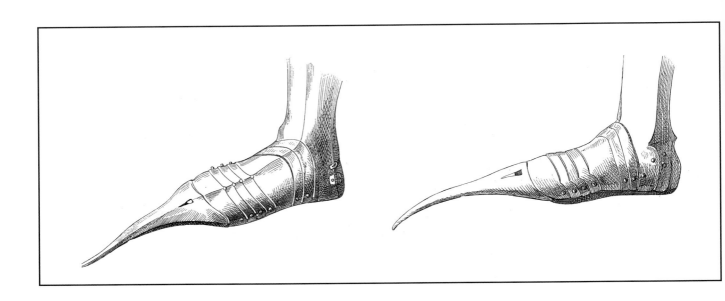

Brassards et cuissards d'armures françaises, XII<sup>e</sup> et XIV<sup>e</sup> siècles.

48

Parures de vêtements sacerdotaux, Trésor de la cathédrale de Sens, France, XIIIe siècle.

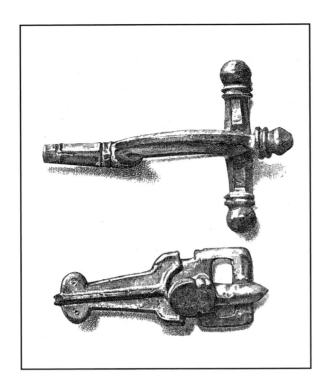

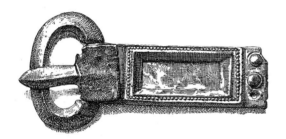

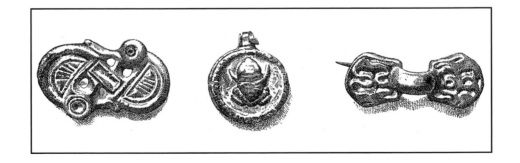

Agrafes de bronze, XII^e et XIII^e siècles.

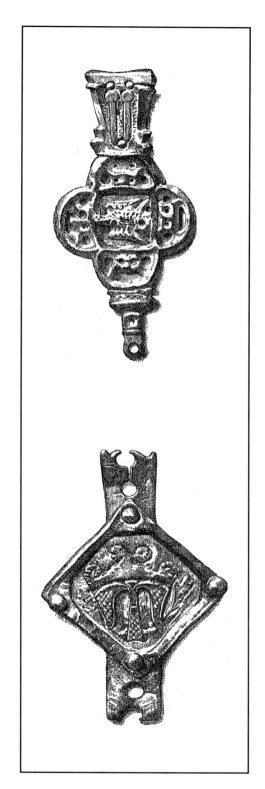

Mitre du bienheureux Pons, évêque de Genève, France, XIVe siècle.
Ci-contre : Tissu à deux tons, Italie, XVe siècle.

Vêtements sacerdotaux, manipules, France, XIII<sup>e</sup> siècle.

54

Vêtements sacerdotaux, manipules, France, XIII<sup>e</sup> siècle.

Ceinture en argent ciselé et doré, France, XIVᵉ siècle.
Ci-contre : Étoffe vénitienne, XIIᵉ siècle.

Damas de soie, Italie, XIVe siècle.

Damas de soie, Espagne, xIVᵉ siècle.

# ORNEMENTS SCULPTÉS

École française. Bas-reliefs à la cathédrale de Rouen, XIV^e siècle.

École française. Couronnement de porte à la cathédrale de Rouen, XIII<sup>e</sup> siècle.

École française. Rinceaux sculptés en pierre, cathédrales de Rouen et Sens, XIIᵉ siècle.
Pages suivantes : Décoration monumentale, France, XIVᵉ siècle.

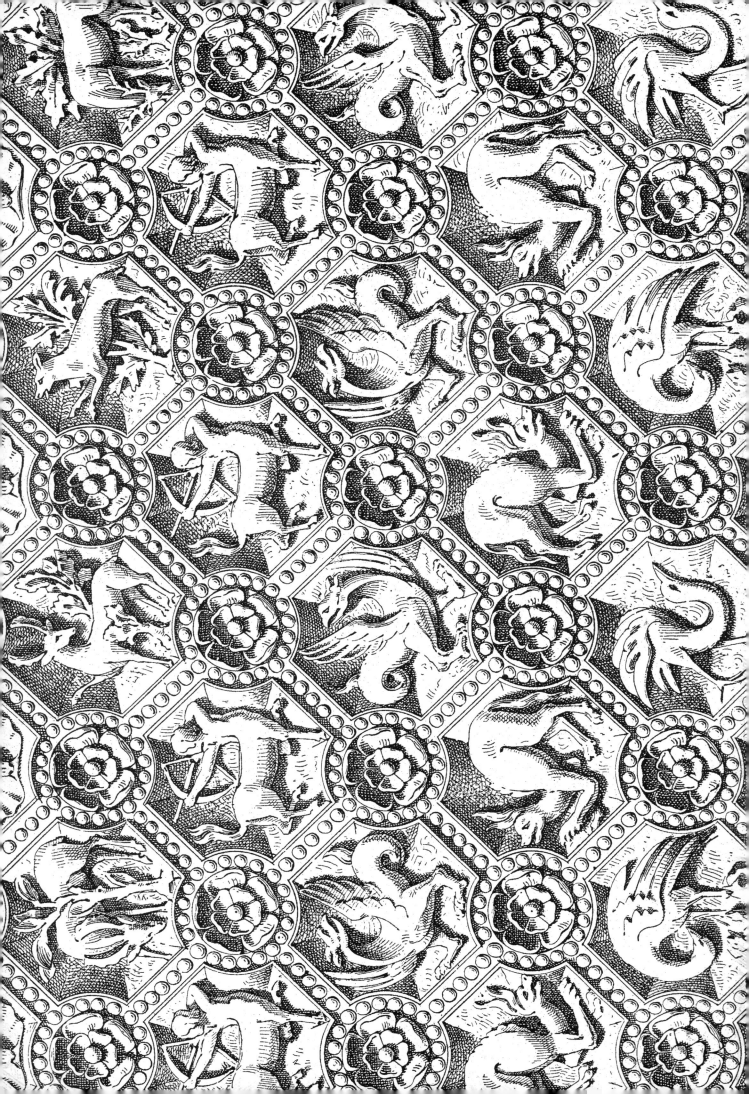

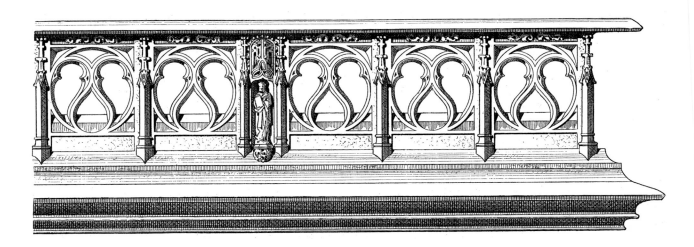

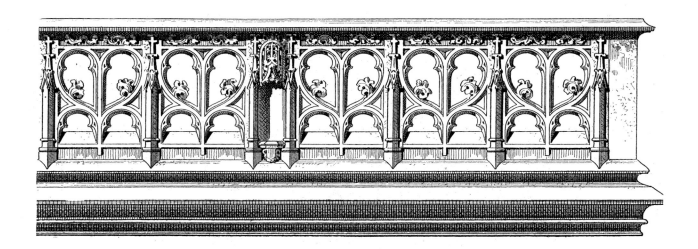

Balustrades en pierre sculptée, France, xvᵉ siècle.

Tombe de Pierre le Vénérable, France, XIIe siècle.

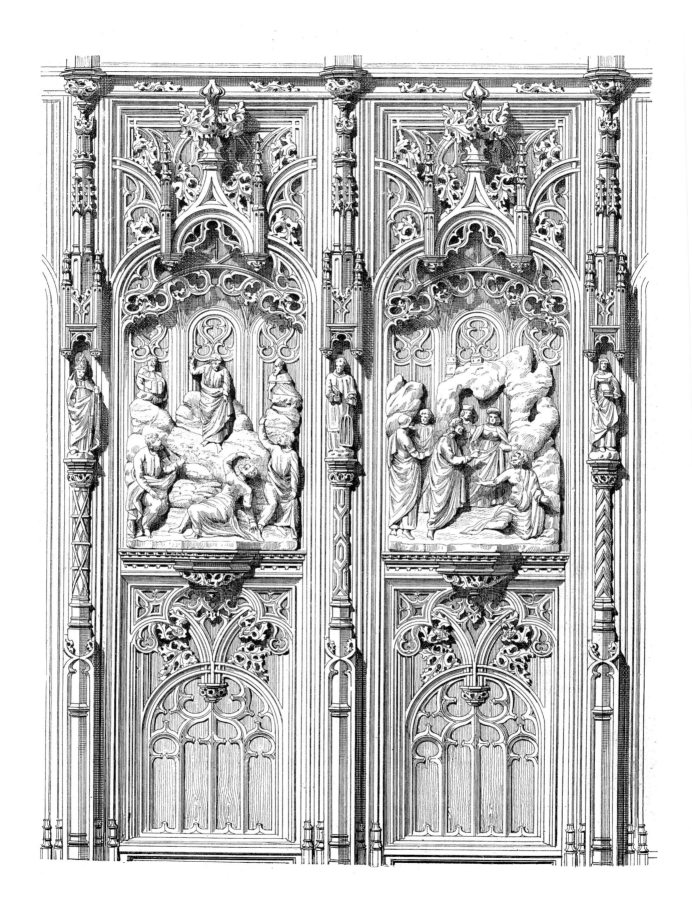

École flamande. Boiserie sculptée, xv$^e$ siècle.

Escalier sculpté en pierre, France, XVᵉ siècle.

École rhénane. Chapiteau, xᵉ siècle.

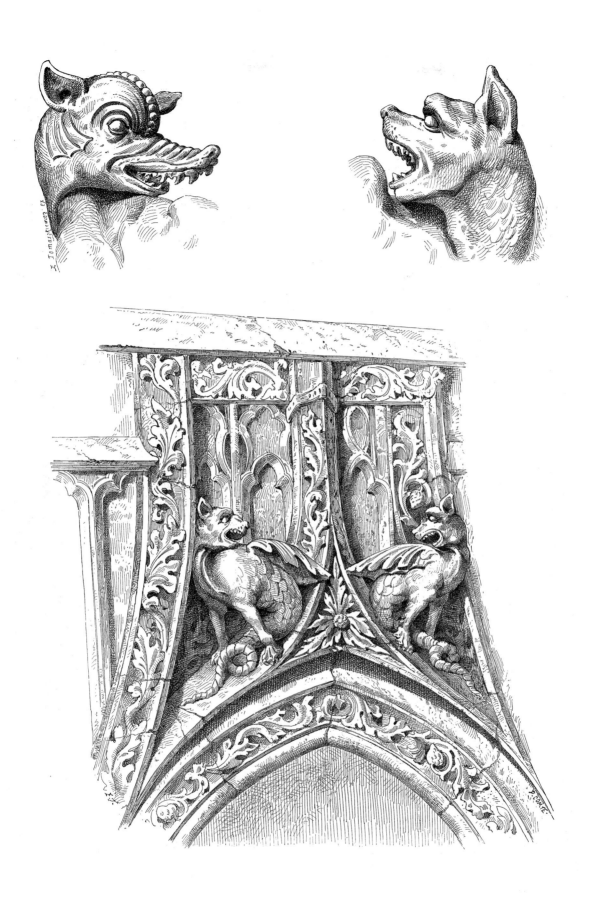

Chimères, France, XVe siècle.

École flamande. Fonts baptismaux, xv<sup>e</sup> siècle.

Ornements sculptés gothiques, Nuremberg, xvᵉ siècle.

# ALPHABETS

École flamande. Lettre ornée, XII<sup>e</sup> siècle.

École allemande. Majuscules ornées, XIᵉ siècle.

École allemande. Majuscules ornées, XIe siècle.

VONIAM
QVIDEM
MVLTICONATISVNT
ordinare

École flamande. Lettres ornées, XIIᵉ siècle.

École allemande. Alphabet oncial, XIV<sup>e</sup> siècle.

Lettres ornées et entrelacées, France, XIIᵉ siècle.

Lettres enluminées de l'école byzantine, XII<sup>e</sup> siècle.

81

Lettre enluminée de l'école byzantine, XIIᵉ siècle.

Lettres enluminées de l'école byzantine, XII<sup>e</sup> siècle.

Lettrines enluminées, France, xɪɪ<sup>e</sup>, xɪv<sup>e</sup> et xv<sup>e</sup> siècles.

Lettrines enluminées, France, xiie, xive et xve siècles.

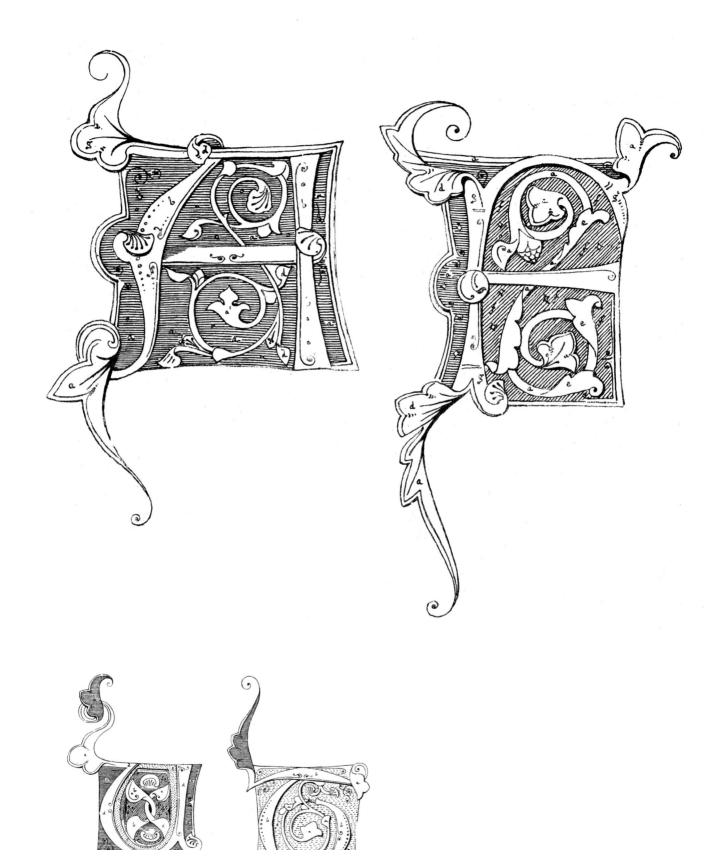

Lettres ornées, Italie, XIᵉ siècle.

Lettres ornées, Italie, XIᵉ siècle.

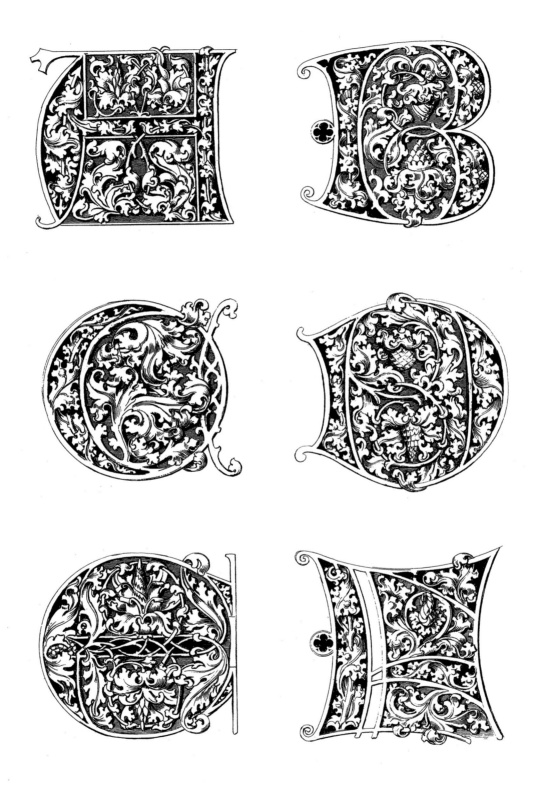

Lettres gothiques.

Lettres gothiques.

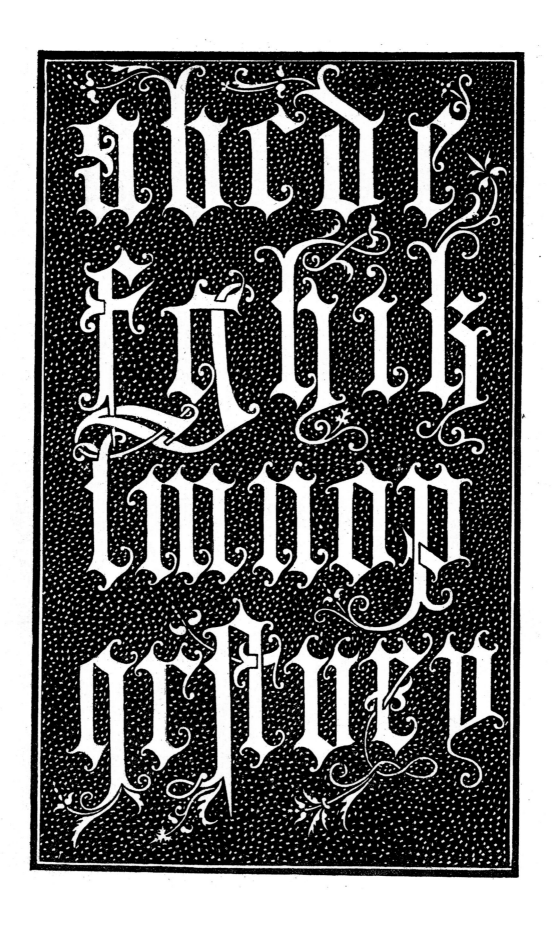

Calligraphie italienne, xvᵉ siècle.

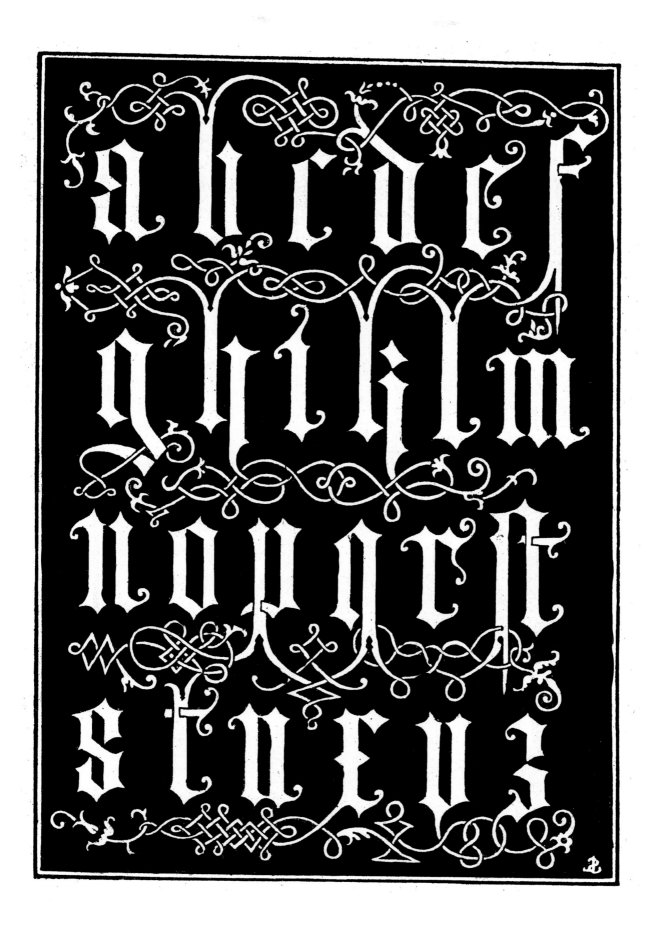

Calligraphie italienne, XVᵉ siècle.

École byzantine. Lettrines enluminées, XII<sup>e</sup> siècle.

École byzantine. Lettrines enluminées, XIIᵉ siècle.